Os sonetos que fiz da maré

Allan Ferreira

Os sonetos que fiz da maré

1ª. Edição. Novembro de 2019.

Capa
Allan Ferreira

Dados Internacionais de Catalogação na Publicação (CIP)
(eDOC BRASIL, Belo Horizonte/MG)

F383s | Ferreira, Allan, 1985-.
Os sonetos que fiz da maré / Allan Ferreira. – Brasília, DF: Ed. do Autor, 2019.

ISBN 978-1-7975-3876-1

1. Literatura brasileira – Poesia. 2. Poesia brasileira.I. Título.

CDD B869.1

Elaborado por Maurício Amormino Júnior – CRB6/2422

Àqueles que têm o mar como refúgio.

Sete.

.

Do
mar
que
sou.

Ao
mar
que
vou.

Lá
se
tem.

Cá
se
vem.

Oito.

Longe está
nesse instante,
mas vem já
em levante.

Devagar
a subir,
a salgar,
a rugir.

O que traz
em seu sal,
sob o sol,

é o que faz
desigual
meu farol.

Nove.

Já faz tempo, aqui,
nessa areia fina,
minha infância ergui,
levantei minha sina.

Fiz do meu presente
saudoso destino,
feito tanta gente
já desde menino.

Saudade salgada,
de madeira e vela,
para navegar

fez-se de jangada,
fez-me amante dela
nesse verde mar.

Dez.

Sobe o sol ardente aos céus,
toda a praia a iluminar.
Fachos descem, fogaréus
de uma noiva a levitar.

Sol de brasas das dez horas,
avermelhas meu olhar
nessa areia que devoras,
nesse evaporar de mar.

Brilha e sobe grande esfera
como um deus de fogo e luz
sobre a América do Sul,

sobre espessa atmosfera,
e revela à contraluz
tantos tons do mesmo azul.

Onze.

Se as palavras dominar soubesses,
como o mar domina o litoral,
pediria a ti que compusesses
um soneto assim bem tropical.

Que falasses dessas marolinhas,
das crianças que se alegram nelas
recolhendo sonhos em conchinhas,
de suas brincadeiras mais singelas.

Que cantasses à felicidade,
emoção de cor quase dourada
que enaltece o mundo e que o floreia.

Que contasses como uma verdade,
revelando que é como a pegada
que se apaga fácil sobre a areia.

Doze.

Sob a mais intensa luz do meio-dia
encandeia tudo em branco ao meu redor
esse sol senhor de si, que não se avia
nem se furta ao fervilhar de meu suor.

Bem por isso reconheço esse lugar
como um porto de refúgio e de esperança,
onde posso sob as ondas naufragar,
ressalgando a vida na maré que avança.

Eis meu lar e nele vou permanecer,
dissolver nas águas o que se acabou
e fazer do vidro areia uma outra vez.

Nessa praia é que pretendo renascer,
arejar com vento forte o que restou
de minha alma chamuscada em lucidez.

Treze.

Alcança o coronário a maré que habita em mim,
saúda em consciência a maré que agita o mundo.
Irmãs em simetria, obedecem ao mesmo fim:
ser fluxo de equilíbrio ao mais raso e ao mais profundo.

Fulgura em cada chakra este sol que habita em mim,
reflete em reverência esse sol que aviva a terra.
Irmãos em energia, incendeiam o estopim
do que de mais humano há na paz ou há na guerra.

Até que essas marés se embebedem entre si
das águas transbordantes de artérias e oceanos,
não retrocederão nem jamais descansarão.

E até que nossos sóis se consumam em puro qi
das luzes que transcendem este e tantos outros planos,
não arrefecerão nem jamais se apagarão.

Quatorze.

Passa o tempo e vai chegando esse momento
em que o mar caboclo é quente igual sertão,
é dourado como a luz do firmamento
e severo, que me aperta o coração.

É saudade o que decerto eu mais carrego
e as lembranças de uma antiga juventude,
maremotos de memória onde navego,
sonhos que se dissiparam em finitude.

Como o mar e como o vento vão e vêm
as visões de minha praia ao fim da rua,
que atravesso sobre pedras portuguesas.

É saudade o que já sei que tens também,
nessas horas onde em teus olhos flutua
o matiz de outras recordações turquesas.

Quinze.

Tudo o que eu te peço é que não vás,
porque a tarde quente já se inclina
sem receio de deixar pra trás
este coração que se declina.

Fica um pouco mais e ouve o vento
entoando a areia sobre a duna.
Talvez nele há mais do que lamento:
sem querer, seu som talvez nos una.

E quem sabe enquanto tu descansas
vão se refazendo nossas vidas
na introspecção deste lugar,

onde de repente ficam mansas
todas essas luzes refletidas
no silêncio desse teu olhar.

Dezesseis.

Quatro horas sempre são:
ruas que me levam à praia,
nostalgias, impressão
de um dourado que se espraia.

Dois coqueiros longe vejo
oscilando como o mar,
silencioso lugarejo,
longas sombras a chorar.

Ruas sempre tão vazias
mas tão cheias de pesares.
Uma dor no coração,

uma dor daqueles dias,
permanece nesses ares:
quatro horas sempre são.

.

Dezessete.

Calorosa e viva,
num céu de rubor,
se despede altiva
flamejante flor.

Sol se dissolvendo
nas águas do mar.
Cores se envolvendo
e a crepuscular.

Timbres de vermelho,
luz que se consuma,
se transforme em ouro

como fosse espelho
essa terna espuma
do meu mar-tesouro.

Dezoito.

Momentâneo
violáceo,
litorâneo
e prefácio.

Anoitece
de calor,
escurece
bastidor.

Vento eterno
de verão
sussurrando.

Breu materno,
turvação,
se espalhando.

Dezenove.

Um
céu
do
ar

num
céu
pro
mar.

Pó
de
lua

só
e
nua.

Vinte.

Negro céu
estrelado,
és um véu
de passado.

Tão distante
e tão perto,
tão errante
e tão certo.

Eu, menor,
no meu verso
sou finito.

Tu, maior,
universo
infinito.

Vinte e uma.

O vento noturno,
de areia e de sal,
é quente, soturno,
veloz, fraternal,

soprando lembranças
de tempos antigos,
de minhas andanças
em casas de amigos.

Feliz de quem tem,
nesse litoral,
a quem encontrar.

Feliz é também,
nesse coqueiral,
quem retorna ao lar.

Vinte e duas.

Nesse espelho de marés
exauri minha mocidade,
avistando, dos sopés
dessas dunas de saudade,

luzes de constelações,
Libra, Touro e Sagitário,
luminosas profusões
de meu simples estrelário.

Três Marias e os Três Reis
aparecem no horizonte
espantando o Escorpião.

Estrelinhas, essas seis,
que pra mim são como ponte
pra tanta recordação.

Vinte e três.

Essas luzes anos-luz daqui,
impensáveis em imensidão,
frente à vastidão do espaço em si
nada mais do que centelhas são.

Igualmente o tempo em nossas vidas
quase nada é diante da existência.
Por que então perdê-lo em fúteis lidas,
consumi-lo em torpe inconsciência?

Esta noite não vou dissipar!
Dos segundos criarei poesia,
das estrelas, nosso belo abrigo.

Esta noite quero despertar,
enxergar o que eu antes não via
e depois fazer amor contigo.

Zero.

Meia-noite, mar noturno e maresia
se entrelaçam pra saudar a madrugada,
conduzindo a brisa leve que resfria
e que deixa a pele lânguida e salgada.

E eu aqui, deitado sobre a areia fria,
a recebo, me fazendo anfitrião,
sob as luzes de uma nova astronomia,
lua e estrelas que transcendem a perfeição.

Acordado eu sei que permanecerei,
a teu lado escutarei teu respirar
diluir-se em meio ao sopro de outro dia,

condensar-se nesses lábios que beijei,
transformar-se no balanço desse mar
cujas ondas te refletem em sincronia.

Uma.

Espelha a lua branca o castanho dos teus olhos,
encanta a lua branca o teu jeito sedutor,
iluminando o mar, seus recifes, seus abrolhos,
lançando à maré cheia o teu suspirar de amor.

Afaga a areia fina o teu corpo revelado,
abraça a areia fina o teu dorso de mulher
lasciva, se entregando ao poeta apaixonado,
que versa em seu soneto o fervor com o qual te quer.

Até que a luz da lua encha todo teu olhar
de cristalinidade, emoção e desatino,
não vai desvanecer, nem nas águas imergir.

E até que a areia fria, em tua pele a repousar,
se aqueça à calidez do teu corpo feminino,
não vai se dispersar, nem de ti se despedir.

Duas.

Escorrendo a areia branca lentamente
de meus dedos, vão-se embora meus segundos.
Se despedem do que sou, tão igualmente,
escoando rumo ao tempo de outros mundos.

Se transforma meu presente em meu passado,
tão ligeiro quanto o mar a recuar.
É o motivo por qual tenho planejado
construir castelos para perdurar.

Sigo em meu trabalho sob a noite cheia,
me fazendo surdo ao vento a me falar
quão ingênua se faz essa vã jornada.

Pois castelos cujos muros são de areia,
mesmo se eu com versos os alicerçar,
talvez não resistam nem à madrugada.

Três.

Entre a lua nesse firmamento
e o luar que o teu olhar prateia,
entre o ar que vaga em movimento
e o soprar que intenso despenteia.

Entre os grãos da areia inanimada
e a carícia de sua alma amena,
entre o mar que não vai dizer nada
e o que canta à tua tez morena.

Entre a praia e a louca maresia,
entre um fato e um sonho a luz e sal
há delírio, rima, verso e fé.

Eis o fruto de uma ousadia,
eis os sonhos de meu litoral:
os sonetos que fiz da maré.

Quatro.

Vai-se embora a madrugada
em saudosa despedida.
Vai-se breve e anunciada
frente à hora da partida.

Devagar desvanecendo
as estrelas na amplidão,
que vai empalidecendo
destinada a ser clarão.

Ela vai tal como veio,
nem veloz nem devagar,
na cadência universal

e suave de um passeio,
de quem soube decifrar
o mistério temporal.

Cinco.

Sol a renascer,
tíbio despertar,
calmo amanhecer,
corpo a respirar.

Diafaneidade,
claro alvorecer,
terna claridade,
alma a reviver.

Raia um novo dia,
sopra novo vento
para me guiar.

Tudo se recria,
eis o meu momento
de recomeçar.

Seis.

Vento leste,
clarear,
luz celeste,
o luar,

as marés,
ondular,
os meus pés
a pisar.

Há em tudo
o passar,
o ir embora.

Eu, contudo,
vou voltar
sem demora.

O autor.

Allan Ferreira nasceu em Osasco, região metropolitana de São Paulo, no ano de 1985. É filho de uma imigrante cearense e de um imigrante paranaense.

Ainda criança passou a viver em Fortaleza, capital do Ceará, onde cresceu em meio à sua família materna. Conheceu a prosa e a poesia nessa poética metrópole, erguida aos pés do oceano. Na infância começou a escrever suas primeiras histórias. Na adolescência, seus primeiros versos.

Hoje reside em Brasília, onde, cercado por rica profusão de culturas e sotaques, continua a observar o mundo a seu redor.

E a tentar contá-lo por meio de suas palavras.

Obras publicadas e disponíveis na Amazon:

- Toda a terra que carrego nas veias (romance)
- Os sonetos que fiz da maré (poesia)

Acompanhe o autor nas redes sociais:

twitter.com/af_autor
instagram.com/af.autor
facebook.com/af.autor

Made in the USA
Middletown, DE
21 March 2020

86849556R00064